Phyllis Hoofe

Selbstüberredung zum Leben in: „Der Atem – Ein

Phyllis Hoofe

Selbstüberredung zum Leben in: „Der Atem – Eine Entscheidung" von Thomas Bernhard

GRIN Verlag

Bibliografische Information der Deutschen Nationalbibliothek: Die Deutsche Bibliothek verzeichnet diese Publikation in der Deutschen Nationalbibliografie; detaillierte bibliografische Daten sind im Internet über http://dnb.d-nb.de/ abrufbar.

1. Auflage 2011
Copyright © 2011 GRIN Verlag
http://www.grin.com/
Druck und Bindung: Books on Demand GmbH, Norderstedt Germany
ISBN 978-3-640-98639-2

Selbstüberredung zum Leben in: „Der Atem – Eine Entscheidung"

von Thomas Bernhard

Phyllis Hoofe

10.04.2011

INHALTSVERZEICHNIS

1. Einleitung

Als der Großvater schwer erkrankt tut es ihm sein Enkel, Bernhard, gleich und wird, im Alter von 18 Jahren im Jahre 1949, ebenfalls von einer ernsthaften Erkrankung heimgesucht. Bernhard schildert, dass ihm „Jetzt...klar geworden...“[1] sei „...daß...“[2] ihn seine, „...den halben Winter ignorierte *Verkühlung*, in das Krankenhaus hereingebracht hatte.“[3] „Ich war dem Großvater in das Krankenhaus nachgefolgt.“[4], erklärt Bernhard und wird sich in Folge seiner Formulierung der bewussten Entscheidung, beim Großvater sein zu wollen, gewahr. In dem „...existenznotwendigen Denkbezirk...“[5], als welchen der Großvater das Krankenhaus in den Kontext des Lebens eines Künstlers, insbesondere Schriftstellers,[6] einzugliedern versteht, durchläuft Bernhard den Prozess des Erwachsenwerdens. Elementare Entscheidungen, wie die, überleben zu wollen, und das nur zu können, wenn er weiteratmete oder Bernhards Erkenntnis seine Selbstformation betreffend „...ich – Werden...“[7] zu „...wollen.“[8] dienen ihm in seiner Entwicklung.[9] Der Großvater ist ihm dabei eine bedeutsame Instanz. Indem Bernhard ihm ins Krankenhaus nachfolgt, folgt er ihm an den Rand der Existenz. Bernhard benötigt genau diese Grenzerfahrung, um zu erkennen, was er noch vor sich hat und es sich aufgrund dessen lohnt weiterzuleben, auch wenn der ihm liebste Mensch, sein Großvater, verstirbt. Am Ende Bernhards „...erster Existenz...“[10], womit seine „...zweite...“[11] beginnt, erkennt er, dass er in der „...Elementarschule, schließlich...Hochschule...“[12], die ihm sein Großvater bot, genug gelernt hat um darauf sein eigenes selbstbestimmtes Leben errichten zu können. Generell trifft Bernhard seine Grundsatzentscheidungen einsam,[13] was sich wohl in seiner künstlerisch–intellektuellen

---

[1] Thomas, Bernhard: „Der Atem – Eine Entscheidung“, München 2008, S. 15.
[2] Ebd., S. 15.
[3] Ebd., S. 15.
[4] Ebd., S. 15.
[5] Ebd., S. 49.
[6] Ebd., S. 48.
[7] Ebd., S. 121.
[8] Ebd., S. 121.
[9] Vgl. ebd., S. 18.
[10] Ebd., S. 85.
[11] Ebd., S. 85.
[12] Ebd., S. 84.
[13] Vgl. Iris, Hammann: Der Atem als Metapher bei Thomas Bernhard, Hannover 1992, S. 97 – 98. Zum Beispiel entscheidet sich Bernhard gegen die Funktion der Schwestern, die aus dem Warten auf den Eintritt des Todes der Patienten in Folge von Atemstillstand bestehe, weiter zu atmen. vgl. Barth, *Lebenskunst*, S. 156.

Lebensphilosophie, deren Umkehrschluss die Isolation ist, begründet.[14] Die zweite Überschrift des Werkes von Thomas Bernhard „Eine Entscheidung", definierbar als die Festlegung eines Weges unter mehreren,[15] spielt in gleichem Maße eine zentrale Rolle für Bernhards Kampf ums Überleben und seine Selbstfindung, wie die Selbstüberredung zum Leben. Mittels dieser Arbeit soll nun geklärt werden, ob das Weiteratmen und Weiterleben durch die Selbstüberredung Bernhards zum Leben in „Der Atem – Eine Entscheidung" von Thomas Bernhard erreicht wird.

2. Schlüsselerlebnisse als Instanzen der Selbstüberredung zum Leben

Als die nasse Wäsche im Badezimmer gerade so Mund und Nase des jungen Patienten Bernhard verfehlt, beschließt er, den finsteren Vorgängen im Krankenhaus zum Trotz rebellisch weiterzuleben.[16]

> „Plötzlich fällt die nasse und schwere Wäsche,…auf mich. Zehn Zentimeter, und die Wäsche wäre auf mein Gesicht gefallen, und ich wäre erstickt. … *Jetzt* will ich leben."[17]

Die dargebotene Art und Weise, auf welche der Protagonist eine Entscheidung, die pure Existenz betreffend, fällt, kennzeichnet dabei weniger einen Entwicklungsprozess, als eine starke Entschlussfreudigkeit. Deutlich wird dies wenn Bernhard erklärt, dass er sich „Von zwei möglichen Wegen…in dieser Nacht in dem entscheidenden Augenblick für den des Lebens entschieden…"[18] hatte. Für ihn war es somit „Unsinnig darüber nachzudenken, ob diese Entscheidung falsch oder richtig ist."[19] Gleichermaßen führt die Beobachtung des würdelosen Abtransports eines zu atmen aufgehört habenden Mitpatienten, durch die „…graugekleideten Männer von der Prosektur…"[20], Bernhard

[14] Vgl. Raingard, Multer: Künstler- und Kunstproblematik im Werk von Thomas Bernhard: Gegen Aura – Verlust und Warencharakter der Kunst, Los Angeles 1991, S. 28.
[15] Vgl. Hammann, *Der Atem als Metapher*, S. 97 – 98.
[16] Der Überlebenswille verbindet sich mit einer rebellischen Energie sozialer Art. Thomas, Anz (2011): Initiationsreisen durch die Krankheit und Ästhetik der Grenzerfahrung -

Aus Anlass von Thomas Bernhards 15. Todestag,
http://www.literaturkritik.de/public/Bernhard_Krankheit.php, Rev. 03.03.2011.
[17] Bernhard, *Atem*, S. 16.
[18] Ebd., S. 17.
[19] Ebd., S. 17.
[20] Ebd., S. 17.

zur unverzüglichen Entscheidung nun weiterleben zu wollen.[21] Erneut führt er mit dem Temporaladverb „Plötzlich…"[22] auf die Tatsache hin, dass der „…Atem des Mannes…"[23] vor ihm „…aufgehört…"[24] habe. Bernhard wird sich der Signifikanz seines eigenen Atems, auf Grund seiner Beobachtung dieses sterbenden Mannes in Folge von Atemstillstand, bewusst.[25] Prompt folgt die Resolution:[26]

> „Ich will nicht sterben, denke ich. *Jetzt* nicht. … Ich wollte *leben,* alles andere bedeutete nichts. Leben, und zwar *mein* Leben, *wie und solange ich es will.* Das war kein Schwur, das hatte sich der, der *schon aufgegeben gewesen war,* in dem Augenblick, in welchem der andere vor ihm zu atmen aufgehört hatte, vorgenommen. "[27]

„Gegen Abend…"[28] erkennt Bernhard „…zum erstenmal einen Menschen…"[29], seinen Großvater, der neben ihm auf einem Sessel sitzend seine Hand hält, ihm somit Halt, Schutz, Sicherheit und Geborgenheit gewährt,[30] und durch die Zusicherung dieser fürsorglichen Wärme in Bernhard einen Keim des Willens zum Weiterleben setzt. Ein „…nicht gekannter, unglaublicher Existenzantrieb…"[31] wiederfährt ihm im Zuge des Todes seines Großvaters. Indes er sich darüber bewusst wird „…allein zu sein und aus sich selbst heraus weiterzugehen."[32], somit seine „…erste Existenz…"[33] als abgeschlossen…"[34] empfindet und seine „…zweite…"[35] als die beginnende, unterstreicht Bernhard die Beendung seiner Adoleszenzphase.[36] Die Tatsache, dass der Großvater „…plötzlich tot war…"[37] brachte die Entlassung Bernhards aus seinem Unterricht mit sich, der „…eine Elementarschule, schließlich eine Hochschule

---

[21] Vgl. Markus, Barth: Lebenskunst im Alltag, Wiesbaden 1998, S. 147, vgl. Herbert, Grieshop: Rhetorik des Augenblicks – Studien zu Thomas Bernhard, Heiner Müller, Peter Handke und Botho Strauß, Würzburg 1998, S. 56.
[22] Bernhard, *Atem*, S. 17, vgl. Barth, *Lebenskunst*, S. 147.
[23] Bernhard, *Atem,* S. 17.
[24] Ebd., S. 17.
[25] Vgl. Hammann, *Der Atem als Metapher* , S. 79.
[26] Aus Bernhards präziser Beobachtung des Atemstockens des anderen Todeskandidaten erwächst sein Wille zum Überleben. Vgl. Franz, Lennartz: Deutsche Schriftsteller des 20. Jahrhunderts im Spiegel der Kritik Band I, 1984 Stuttgart, S. 136.
[27] Bernhard, *Atem,* S. 17.
[28] Ebd., S. 18.
[29] Ebd., S. 18.
[30] Vgl. ebd., S. 18.
[31] Ebd., S. 83.
[32] Ebd., S. 83.
[33] Ebd., S. 85.
[34] Ebd., S. 85.
[35] Ebd., S. 85.
[36] Bernhard geht in eine neue Existenz über. Vgl. Franz, Lennartz: *Schriftsteller des 20. Jhd.*, S. 136.
[37] Bernhard, *Atem,* S. 84.

gewesen...“[38] war.[39] Bernhard begründet so die Grundlagen, die er sich in der Schule des Großvaters für sein Leben als Erwachsener hatte aneignen können.[40] In Folge des neuen Lebensgefühls verspürt Bernhard die absolute Gewissheit seine Krankheit bereits besiegt zu haben.

„Von dem Augenblick...hatte ich die Auseinandersetzung mit meiner Krankheit gewonnen.“[41]

3. Hören zur Teilhabe am Leben, Atmen aus Überzeugung und Gedanken als Existenz rettend

Schwer atmend und entkräftet, dadurch „...vollkommen bewegungsunfähig...“[42], harrt Bernhard in seinem Krankenbett aus. Kaum fähig seinen Kopf zu heben ist es ihm nicht möglich die Geschehnisse, die ihn umgeben, mit eigenen Augen wahrzunehmen. Um weiterhin am Leben partizipieren zu können, wenn auch an einem tristen Teil des Lebens, von welchem sich das Krankenhaus überschattet zeigt, übernehmen seine Ohren eine zentrale Rolle. So weist Bernhard darauf hin, dass er „...Den Mann...sterben gehört, nicht sterben gesehen...“[43] hatte. Auch das Atmen erhält damit einen zentralen Stellenwert.[44] Von Bernhard wird es in enger Verknüpfung zu Geist und Körper erfahren. Indem Atmen, eine dem Körper eigene, somit die natürlichste und selbstverständlichste Eigenschaft bildend, von Bernhard als Grenzerfahrung erlebt wird, stellt es für ihn etwas Künstliches dar. Bernhard muss seinen Körper zum Atmen disziplinieren, wenn er „...weiteratmen und weiterleben...“[45], und nicht, wie er formuliert, „...wie der andere...aufhören...“[46] wollte „...zu atmen.“[47] Bernhard fügt dem hinzu, dass, wenn er „...nur einen Augenblick in diesem...Willen nachgelassen...hätte...“[48], er „...keine einzige Stunde länger...“[49] gelebt haben würde. Überdies repräsentiert das Atmen für ihn ein Mittel der Autonomie. Bernhard

---

[38] Ebd., S. 84.
[39] Vgl. ebd., S. 84.
[40] Vgl. ebd., S. 84.
[41] Vgl. ebd., S. 83.
[42] Ebd., S. 20.
[43] Ebd., S. 20.
[44] Vgl. Hammann, Der Atem als Metapher, S. 80 – 81.
[45] Bernhard, Atem, S. 18.
[46] Ebd., S. 18.
[47] Ebd., S. 18.
[48] Ebd, S. 18.
[49] Ebd., S. 18.

demonstriert dies, indem er argumentiert „...die sicher auf seinen Tod eingestellte Schwester..."[50] nur durch sein Weiteratmen „...zwingen..."[51] zu können ihn „...aus dem Badezimmer heraus- und in den Krankensaal zurückführen zu lassen...."[52] Desweiteren lässt sich die Überzeugung Bernhards der Mündigkeit durch Atmen der Möglichkeit einer aktiven Wahl zuschreiben, bei der er sich für den „...Lebensweg..."[53], der „...den Vorteil der Selbstbestimmung..."[54] zur Folge hat, entscheidet, auch wenn „Der Weg in den Tod...leicht gewesen..."[55] wäre. Offenkundig wird jenes in folgender Aussage:

„*Ich* bestimmte, welchen der beiden möglichen Wege ich zu gehen hatte."[56]

Indes Atmen keine Selbstverständlichkeit mehr ist, sondern eine Zusammenarbeit mit Geist und Körper erfordert und damit ein Bewusstwerden des Atmens als existenzieller Vorgang einhergeht, wird Atmen zu einer Lebenskunst.[57] Durch die, in dem Krankenzimmer, grundsätzlich sterbenden Mitpatienten fühlt sich Bernhard an ein, „...von..."[58] ihm „...so..."[59] genanntes, „...Sterbezimmer..."[60] erinnert, von welchem ein Todesschweigen ausgeht. Seine Gedankenströme dienen ihm dieses Schweigen zu durchbrechen.[61] Mittels verschiedenartiger Strategien lenkt Bernhard seine Gedankeninhalte und beweist sich so ein Recht auf Leben, was sich angesichts der Rechtfertigung seines Lebens belegen lässt.

„...sie wussten, daß sie aus diesem Sterbezimmer *nicht mehr lebend* hinauskommen würden. Solange ich in diesem Sterbezimmer gewesen war, hatte es keiner lebend verlassen. Ich war die Ausnahme. Und ich hatte, wie ich glaubte, ein Recht dazu, weil ich erst achtzehn Jahre alt war und also noch jung und nicht alt."[62]

---

[50] Ebd., S. 18.
[51] Ebd., S. 18.
[52] Ebd., S. 18.
[53] Ebd., S. 18.
[54] Ebd., S. 18.
[55] Ebd., S. 18.
[56] Ebd., S. 18.
[57] Vgl. Barth, *Lebenskunst*, S. 154, vgl. Christoph, Kappes: Schreibgebärden, Würzburg 2006, S. 65 – 66.
[58] Bernhard, *Atem*, S. 22.
[59] Ebd., S. 22.
[60] Ebd., S. 22.
[61] Vgl. Barth, *Lebenskunst*, S. 155.
[62] Bernhard, *Atem*, S. 30.

So assoziiert er mit dem Anblick seiner Mitpatienten, die nur noch durch Schläuche mit dem Diesseits verbunden zu sein scheinen, ein Marionettentheater.[63] Daraus zieht er die ihm Kraft gebende Konsequenz, dass er als „…Sonderfall…"[64] in dieses Theater, welches die Welt versinnbildlicht, nicht hinein passt und er, seiner selbst noch in solchem Maße mächtig, sich entscheidet, seine Rolle in diesem Theater eigenständig zu kreieren.[65]

> „Das Ganze hatte viel mehr, als ich mir zuzugeben gewillt gewesen war, mit dem Theater zu tun und war auch Theater, wenn auch ein schreckliches und erbärmliches. …abgenützte Marionetten, die nach kurzer Zeit auf den Mist geworfen und verscharrt oder verbrannt worden sind. …ihre Existenz mag davor wo und wann und wie lang auch immer auf diesem Marionettentheater, das die Welt ist, verlaufen sein. …da lag ich ein Sonderfall…"[66]

Mit Hilfe der Simplifizierung von Krankheit zur Philosophie lässt sich das Spannungsfeld von Leben und Tod für Bernhard überwinden und gibt ihm die Möglichkeit gleichlaufend Potenzial und Persönlichkeit zu entfalten.[67]

4. Überleben durch die gelenkte Selbstwahrnehmung

Stets Subjekt der Beobachtungen seiner Mitpatienten nimmt Bernhard aktiv den Kampf gegen seine Krankheit auf.[68] Somit bestimmt er „…alles in diesem Sterbezimmer, also auch alles…"[69] ihm „…noch Bevorstehende, auszuhalten, um aus diesem Sterbezimmer wieder herauszukommen…."[70] Mittels seines Vorgehens vom „…schädigenden…"[71] zum „…belehrenden Mechanismus der Wahrnehmung…"[72] beschließt Bernhard sich „…von den Objekten…"[73] seiner „…Betrachtungen und Beobachtungen nicht mehr verletzen…"[74] zu „…lassen."[75]

---

[63] Vgl. Lennartz, *Schriftsteller des 20. Jhd.*, S. 136.
[64] Bernhard, *Atem*, S. 40 – 41.
[65] Vgl. Barth, *Lebenskunst*, S. 154, Vgl. Bernhard, *Atem*, S. 40 – 41.
[66] Bernhard, *Atem*, S. 40 – 41.
[67] Vgl. Inge, Steutzger: „Zu einem Sprachspiel gehört eine ganze Kultur." Wittgenstein in der Prosa von Ingeborg Bachmann und Thomas Bernhard, Freiburg im Breisgau 2001, S. 123, vgl. Verena, Ronge: Ist es ein Mann? Ist es eine Frau? Die (De)Konstruktion von Geschlechterbildern im Werk Thomas Bernhards, Böhlau 2009, S. 7.
[68] Vgl. Bertram, Wetzel: Zu den autobiographischen Schriften von Thomas Bernhard – Analyse eines Ausnahmezustands – ein Annäherung, Norderstedt 2005, S. 46.
[69] Bernhard, *Atem*, S. 36.
[70] Ebd., S. 36.
[71] Ebd., S. 36.
[72] Ebd., S. 36.
[73] Ebd., S. 36.
[74] Ebd., S. 36.

„Ich mußte in meinen Betrachtungen und Beobachtungen davon ausgehen, daß auch das Fürchterlichste und das Entsetzlichste und das Abstoßendste und das Häßlichste das Selbstverständlichste ist, wodurch ich überhaupt diesen Zustand hatte ertragen können. Daß, was ich hier zu sehen bekommen hatte, nichts anderes als ein vollkommen natürlicher Ablauf als Zustand war."[76]

Eine Verkehrung von Natürlichem und Unnatürlichem ist Bernhards vorangegangenen Äußerungen zu entnehmen, die dem Aushalten einer, an für sich nicht aushaltbaren, Situation dient. Indem Bernhard die, in dem Krankenhaus als überaus schrecklich empfundenen Umstände, als trivial ab zu tun versucht, ermöglicht er sich seine Wahrnehmung durch Kompensation zu täuschen und in Folge dessen das Gesehene zu ertragen. In einer Sprache, die sich gegen die Natur richtet, liegt für Bernhard die Möglichkeit dem Leid und Elend, zu welchem ihn seine Erkrankung sperrt, zu entkommen.[77] Sein Geist übernimmt dabei die zentrale Rolle, indem Bernhard:

„…Unter Einsetzung des Verstandes…die Selbstverletzung durch Beobachtung auf ein Minimum einschränken…"[78] kann. Ärzte, wie auch Schwestern suggerieren Bernhard Unzugänglichkeit und Kälte. Er empfindet die „…Schwestern…nurmehr noch mechanisch, wie eine Maschine arbeitet, die sich in der Tätigkeit an ihren eingebauten Mechanismus und an sonst nichts zu halten hat."[79] und sieht in den Ärzten eine „…in Weiß daherkommende Machtlosigkeit der Medizin…mit dieser Eiseskälte die Zweifel an ihrer Kunst und an ihrem Recht hinterlassen."[80] Mehr noch seien die Ärzte den Patienten gegenüber feindselig und haben die „…alten Menschen im Sterbezimmer…schon abgeschrieben und schon aus der Menschengesellschaft abgemeldet…als hätten die Ärzte die Verpflichtung gehabt, das um keinen Preis zu verhindern, entzogen sie in jeder ihrer Handlungen diesen nurmehr noch auf sie, die Ärzte, angewiesenen erbärmlichen Menschen im Sterbezimmer durch Untätigkeit und Gefühls- und Geisteskälte das Leben."[81] Bernhard grenzt sich durch unumgängliche Sprachbarrieren und seinen geistigen Tiefsinn, dem die Ärzte kaum genügen würden, von der Welt der Mediziner ab, womit er zu einem weiteren Mechanismus der

[75] Ebd., S. 36.
[76] Ebd., S. 36.
[77] Vgl. Ria, Endres: Am Ende angekommen – Dargestellt am wahnhaften Dunkel der Männerporträts des Thomas Bernhard, Wien; München u.a. 1994, S. 23.
[78] Bernhard, *Atem*, S. 37
[79] Ebd., S. 53.
[80] Ebd., S. 53.
[81] Ebd., S. 51.

Selbstwahrnehmung zum Überleben greift.[82] Bernhard stellt sich einem so wahrgenommenen Kampf um Beweiszwang gegenüber der Ärztewelt lebensfähig zu sein. Indem er in diesen Kampf eintritt, setzt er sich gleichzeitig gegen seine Krankheit zur Wehr.[83]

5. Bezugspersonen

Trotzdem Bernhard seine Mutter und Großmutter für unzulänglich erklärt und sich von ihnen durch ihr eigensinniges Verhalten, mit welchem sie „...die Tatsache, daß..."[84] er „...nicht mehr aufstehen hatte können...als die gegen sie gerichtete Marotte..."[85] gänzlich verkehren, verraten und „...nicht *akzeptiert*..."[86] fühlt, drückt er mit „Den Meinigen..."[87] „...Zuneigung..."[88] für sie aus und betont, dass er „...lebenslänglich und auf die natürlichste Weise selbstverständlich..."[89] mit ihnen „...verbunden gewesen..."[90] ist. Diese emotionale Ambivalenz unterstreicht Bernhards Enttäuschung über das ihm entgegengebrachte Misstrauen seitens seiner Mutter und Großmutter, durch die ihn „...ganz bewußt und bösartig..."[91] abwertende Bezeichnung eines „...Simulanten..."[92], als auch er nach seinem Großvater schwer erkrankte. Die, von Bernhard so wahrgenommene Ablehnung seiner Krankheit durch die beiden Frauen, resultiert, seiner Ansicht nach, aus deren Intoleranz gegenüber der Liebe, die ihn mit seinem Großvater verbindet. Indem Bernhard die Erkrankung von Mutter und Großmutter als „...rücksichtslos ausgespielter Trumpf gegen..."[93] sie verstanden wissen will, reduziert er die Krankheit auf ein Mittel zum Zweck, nimmt ihr damit die Gewalt und garantiert sich die benötigte Standhaftigkeit im Kampf ums Überleben, durch die

---

[82] Vgl. Ebd., S. 55 – 56.
[83] Barth, *Lebenskunst*, S. 156.
[84] Bernhard, *Atem*, S. 25.
[85] Ebd., S. 25.
[86] Ebd., S. 25.
[87] Ebd., S. 25.
[88] Ebd., S. 25.
[89] Ebd., S. 25.
[90] Ebd., S. 25.
[91] Ebd., S. 9.
[92] Ebd., S. 9.
[93] Bernhard setzt die Krankheit gegen Mutter und Großmutter ein. Ebd., S. 26.

Rebellion gegen Mutter und Großmutter.[94] Die bedingungslose Liebe seines Großvaters setzt Bernhard dagegen.[95]

> „...ihm verdankte ich alles, was mich schließlich lebensfähig und in hohem Maße auch immer wieder glücklich gemacht hatte, nicht ihnen. ... Er hatte mich akzeptiert, nachdem mich alle anderen nicht akzeptiert hatten, ja selbst meine eigene Mutter nicht, er war ihnen allen in Zuneigung und Liebe um beinahe alles voraus gewesen. Ein Leben ohne ihn war mir lange Zeit unvorstellbar gewesen."[96]

Schlussendlich wird deutlich welch große Bedeutung Mutter, wie Großvater für Bernhard haben.[97] Nach dem Tod des Großvaters erkennt Bernhard sein

„...zeitlebens...distanziertes, von Mißtrauen, ja von Argwohn niemals freies, zu manchen Zeiten sicher sogar...feindseliges Verhältnis..."[98] zu seiner Mutter ins Gegenteil gekehrt. Zunächst hatte sie ihm, angesichts ihrer scheinbaren Inakzeptanz seiner Person, Anlass geboten rebellisch weiterzuleben. Nach dem Tod des Großvaters war jedoch dieses Vorhaben der Motivation Bernhards, aus Liebe zur wiederentdeckten und wiedergefundenen Mutter weiterleben zu wollen, gewichen.[99] Bernhards Großvater kommt somit im Gesamtbild weniger der Rolle eines wohlwollenden Familienmitglieds nach. Eher schafft er Barrieren in der Familie, als außerhalb stehende Person und ist demnach in dem Sinne kein Mitglied der Familie. Als Folge dessen löscht er die eigentliche Familie, mit seiner Haltung einer absoluten Vereinnahmung Bernhards, aus, sodass erst nach seinem Tod ein herantasten an die Beziehung zur eigenen Mutter möglich ist.[100]

„Sie war ihrem Vater eine liebevolle Tochter, mir erst jetzt eine ebensolche liebevolle Mutter...."[101]

Die Nähe zum Großvater, die jeglichen Zugang zur Mutter versperrt, wobei sich mit dem Tod des Großvaters ein Weg zu ihr eröffnet, dient Bernhard nichts desto Trotz im Kampf um seine nackte Existenz, genau wie sie ihm Schlüssel zu seiner

---

[94] Weiteratmen gegen Mutter und Großmutter als Indikator einer Rebellion. Vgl. Barth, *Lebenskunst*, S. 156, Vgl. Anz, *Initiationsreisen*.
[95] Der Großvater unterstützt seinen Enkel bei musikalischen Ambitionen und Herzenswünschen. Er kennt Bernhards innerste Vorstellungen und trifft Bildungsentscheidungen. Vgl. Hans, Höller: Thomas Bernhard, Hamburg 1993, S. 40 – 41.
[96] Bernhard, *Atem*, S. 26 – 27.
[97] Vgl. Toni, Tholen: Heillose Subjektivität. Zur Dialektik von Selbstkonstitution und Auslöschung in Familienerzählungen der Gegenwart, in: Familie und Identität in der deutschen Literatur (2009), S. 40.
[98] Bernhard, *Atem*, S. 93 – 94.
[99] Vgl. ebd. S. 93 – 94.
[100] Vgl. Tholen: *Heillose Subjektivität*, S. 40.
[101] Bernhard, *Atem*, S. 94.

Identitätsfindung ist. Demzufolge stellt der Großvater für Bernhard eine bedeutsame Instanz bei der Selbstüberredung zum Leben dar.

6. Erkenntnisse

Die plötzliche Erkenntnis Bernhards der Ich – Werdung als Ziel seines Lebens, kommt der gleichen rebellischen Entschlussfreudigkeit wie dem Kampf um seine pure Existenz selbst zu.[102] Indem er sein Selbst durch sich begründet wirbt Bernhard „...ziel- und glaubenslos hoffend...“[103] um die Absolutheit seines gefundenen Lebenssinns, der noch zusätzlich durch die Begrifflichkeit *natürlich*[104] unterstützt wird. So formuliert Bernhard, dass er „...nichts werden und natürlich niemals ein Beruf...“[105] hatte „...werden wollen...“ er „hatte immer nur *ich* werden wollen.“ [106] Seine Vergegenwärtigung, dass „Wir...von dem Augenblick an...“[107] sterben „...in welchem wir geboren werden, aber wir sagen erst, wir sterben, wenn wir am Ende dieses Prozesses angekommen sind, und manchmal zieht sich dieses Ende noch eine fürchterliche lange Zeit hinaus.“[108] hängt mit seiner ihn prägenden Lungenkrankheit[109] zusammen, bei welcher er ständig Angst haben muss „...bald erdrückt zu sein und ersticken zu müssen...“[110]. Von dieser Empfindung Zeit seines Lebens begleitet, wird er täglich ans Sterben erinnert.[111] „...daß die Literatur die mathematische Lösung des Lebens und in jedem Augenblick auch der eigenen Existenz bewirken kann, wenn sie als Mathematik in Gang gesetzt und betrieben wird, also mit der Zeit als eine *höhere*, schließlich die *höchste mathematische Kunst*, die wir erst dann, wenn wir sie ganz beherrschen, als *Lesen* bezeichnen können...“[112] offenbart sich Bernhard „...erst nach dem Tod des Großvaters...“[113]. Bernhard hebt hervor, dass er „...diese Erkenntnis...“[114]

---

[102] Vgl. Barth, Markus, S. 147.
[103] Grieshop, *Rhetorik des Augenblicks*, S. 56.
[104] Bernhard, *Atem*, S. 121.
[105] Ebd., S. 121.
[106] Ebd., S. 121.
[107] Ebd., S. 64.
[108] Ebd., S. 64.
[109] Hammann, *Der Atem als Metapher*, S. 75.
[110] Bernhard, *Atem*, S. 13.
[111] Vgl. Hammann, *Der Atem als Metapher*, S. 79 – 80. Im Sanatorium für Lungenkranke holt sich Bernhard seine „Lebenskrankheit", die Lungenkrankheit, die ihn sein Leben lang begleitet. Vgl. Lennartz, *Schriftsteller des 20. Jhd.*, S. 136.
[112] Bernhard, *Atem*, S. 119.
[113] Ebd., S. 119.

dem Tod seines Großvaters zu verdanken habe,[115] womit er auf seine neu gewonnene Freiheit hinweist, die sich in seiner zweiten Existenz,[116] dem erwachsenen – Ich, begründet. Der Großvater hatte Bernhard zu seinen Lebzeiten immer wieder Wege aufgezeigt und Denkanstöße gegeben, um ihm das Leben begreifbar zu machen. Seine Potenziale maximal entfalten kann Bernhard jedoch erst jetzt, da er frei ist, indem sein Lehrer starb, der ihn genug lehrte, damit er darauf aufbauen und das eigene Leben selbstbestimmt gestalten kann.

7. Zusammenfassung und Fazit

Wie unter dem zweiten Punkt dieser Arbeit beschrieben, werfen die Schlüsselerlebnisse existenzielle Fragen, entsprechend eines Dualismus von Leben und Tod, auf. Thomas Bernhard entwirft in seinen Texten Szenarien von Dualismen für das menschliche Bewusstsein,[117] die, in diesem Falle von Bernhard selbst, prompte Entscheidungen fordern. Indem sich Bernhard, aufgrund des Erlebten, zu einem Entschluss, im Sinne des Weiterlebens, animiert fühlt, dient ihm dieses Erlebte als Instanz der Selbstüberredung zum Leben. So zum Beispiel die nasse Wäsche, die, wenn sie auf sein Gesicht gefallen wäre, ihn erstickt hätte, da es Bernhard nicht möglich war sich, von seiner Krankheit stark geschwächt, zu bewegen. Aber die Wäsche verfehlt sein Gesicht. Bernhard bedient sich diesen Glücks als Motivator, als Mittel nun Grund genug zu haben seine Leiden ertragen zu können. Indes der Großvater, der ihm liebste Mensch, ihm durch seinen Besuch Liebe und Wärme spendet, geriert er Bernhard neue Kräfte zum Durchhalten, wodurch dieser Besuch einer Instanz der Selbstüberredung zum Leben gleicht. Wiederrum dient Bernhard der Tod des Großvaters einer absoluten Erkenntnis des Werts seines eigenen Lebens, wodurch er eine neue Etappe seines Lebens, die des Erwachsenseins nämlich, erklimmt. Zudem bringt Bernhard die Tatsache, als er zu Beginn seines Krankenhausaufenthaltes einen Mitpatienten sterben hört, da dessen Atem stockt, die Bedeutung seines eigenen Atmens nahe und aktiviert ihn zum Weiteratmen und Weiterleben.[118] Insofern verleiht Bernhard der Hörsinn die

---

[114] Ebd., S. 119.
[115] Vgl. ebd., S. 119.
[116] Vgl. ebd., S. 85.
[117] Burghard, Dumerau: Selbstbehauptungen und Grenzen: zu Thomas Bernhard, Würzburg 1994, S. 69.
[118] Vgl. Hammann, *Der Atem als Metapher* , S. 79.

Möglichkeit am Leben weiterhin partizipieren zu können, indem er aus dem Gehörten schlussfolgert weiterleben zu wollen. Wie im dritten Teil außerdem dargelegt hält sich Bernhard mittels des Atmens, im Sinne etwas Künstlichem, und des unentwegten Denkens, als ein Wettlauf gegen die Todesstille im Sterbezimmer, am Leben. Indem Bernhard die Beziehung zu Ärzten und Krankenschwestern zu einer Feindschaft verklärt, wie unter viertens näher beleuchtet, wird Bernhard zum Aggressor, der aktiv und selbstbestimmt in den Ring mit Medizinern und daher auch mit seiner Krankheit tritt. Seine intellektuelle, tiefsinnige und künstlerische Sprache prallt auf die sachliche, oberflächliche, als „…künstliche Mauer der Ungewißheit zwischen den Patienten und sich."[119], errichtete Kommunikationsform der Ärzte, was ihm Anlass zum Verabscheuen dieser bietet. In Bernhards Ablehnung der Mediziner findet er ebenso eine Instanz der Selbstüberredung zum Leben, wie in der „…kritische(n) Haltung…"[120] seiner Mutter gegenüber, die der Kompensation seiner Enttäuschung darüber dient „…von allen anderen…"[121] außer von seinem Großvater „…nicht akzeptiert…"[122] worden zu sein, „…ja selbst…"[123] von seiner „…eigene(n) Mutter nicht…"[124], jedenfalls solange der Großvater lebt. Mit Hilfe seines selbst entworfenen Konstrukts von gegen ihn und seine Krankheit gerichteten Figuren, zwingt sich Bernhard zum Aushalten seiner Leiden durch eine Rebellion.[125] Darüber hinaus geht der fünfte Punkt dieser Arbeit auf die positiv bedeutsamste Instanz für Bernhards Selbstüberredung zum Leben, den Großvater, ein. Er schenkt seinem Enkel Sicherheit, durch die vollkommene Akzeptanz seiner Person.[126] Der sechste Punkt befasst sich mit Bernhards Erkenntnissen, die er im Laufe seiner Entwicklung in dem Denkbezirk: Krankenhaus macht.[127] Der Sinn des Lebens wird ihm bewusst, da er die Ich – Werdung als Ziel des Lebens für sich erkennt. Die Kunst des Lesens erfährt Bernhard als existenziell bedeutsam, indem er diese Fertigkeit als die „…mathematische Lösung des

---

[119] Bernhard, *Atem*, S. 55 – 56.
[120] Ebd., S. 26.
[121] Ebd. S. 27.
[122] Ebd. S. 27.
[123] Ebd. S. 27.
[124] Ebd. S. 27.
[125] Vgl. ebd., S. 26.
[126] Vgl. ebd., S. 27.
[127] Ebd., S. 49.

Lebens...“[128] charakterisiert, was ihm jedoch erst nach dem Tod seines Großvaters möglich ist.

Alleine, auf sich gestellt, verschafft sich Bernhard Kenntnis über sich selbst, über das, was ihm Erfüllung bringt und über jenes, was ihm gut tut und somit sein persönliches Bedürfnis befriedigt. Er wächst über sich hinaus. Für die Selbstüberredung zum Leben macht sich Bernhard die Distanz zur Mutter, die Großvaterliebe und wiederrum die eintretende Nähe zur Mutter, mit dem Tod des Großvaters, zu nutze. Sowohl Schlüsselerlebnisse, als auch Erkenntnisse, Gedankenströme und die selektive Wahrnehmung, im Endeffekt alle Bernhard, in seinem geschwächten Zustand, zur Verfügung stehenden Mittel und Sinne, werden durch ihn für eine Selbstüberredung zum Leben eingesetzt und im Wettstreit gegen das Aufhören des Atmens instrumentalisiert. Die instruierende Frage dieser Arbeit, ob das Weiteratmen und Weiterleben durch die Selbstüberredung zum Leben erreicht werden kann, lässt sich somit positiv beantworten.

---

[128] Ebd.. S. 119.

14

Literaturverzeichnis:

Primärliteratur:

Bernhard, Thomas: „Der Atem – Eine Entscheidung", München 2008.

Sekundärliteratur:

Anz, Thomas (2011): Initiationsreisen durch die Krankheit und Ästhetik der Grenzerfahrung - Aus Anlass von Thomas Bernhards 15. Todestag, http://www.literaturkritik.de/public/Bernhard_Krankheit.php, Rev. 03.03.2011.

Barth, Markus: Lebenskunst im Alltag, Wiesbaden 1998, S. 147.

Dumerau, Burghard: Selbstbehauptungen und Grenzen: zu Thomas Bernhard, Würzburg 1994.

Endres, Ria: Am Ende angekommen – Dargestellt am wahnhaften Dunkel der Männerporträts des Thomas Bernhard, Wien; München u.a. 1994.

Grieshop, Herbert: Rhetorik des Augenblicks – Studien zu Thomas Bernhard, Heiner Müller, Peter Handke und Botho Strauß, Würzburg 1998.

Hammann, Iris: Der Atem als Metapher bei Thomas Bernhard, Hannover 1992.

Höller, Hans: Thomas Bernhard, Hamburg 1993.

Kappes, Christoph: Schreibgebärden, Würzburg 2006.

Lennartz, Franz: Deutsche Schriftsteller des 20. Jahrhunderts im Spiegel der Kritik Band I, 1984 Stuttgart.

Multer, Raingard: Künstler- und Kunstproblematik im Werk von Thomas Bernhard: Gegen Aura – Verlust und Warencharakter der Kunst, Los Angeles 1991.

Ronge, Verena: Ist es ein Mann? Ist es eine Frau? Die (De)Konstruktion von Geschlechterbildern im Werk Thomas Bernhards, Böhlau 2009, S. 7.

Steutzger, Inge: „Zu einem Sprachspiel gehört eine ganze Kultur." Wittgenstein in der Prosa von Ingeborg Bachmann und Thomas Bernhard, Freiburg im Breisgau 2001.

Tholen, Toni: Heillose Subjektivität. Zur Dialektik von Selbstkonstitution und Auslöschung in Familienerzählungen der Gegenwart, in: Familie und Identität in der deutschen Literatur (2009), S. 35 – 55.

Wetzel, Bertram: Zu den autobiographischen Schriften von Thomas Bernhard – Analyse eines Ausnahmezustands – ein Annäherung, Norderstedt 2005.

15

CPSIA information can be obtained
at www.ICGtesting.com
Printed in the USA
LVIC06n1623181018
594047LV00006B/59

* 9 7 8 3 6 4 0 9 8 6 3 9 2 *